Happiness

巴黎女人的幸福哲學

國家圖書館出版品預行編目資料

巴黎女人的幸福哲學 = Happiness/伊內絲.法桑琪(Ines de la Fressange), 蘇菲.嘉雪(Sophie Gachet), 奧爾加.塞庫利克(Olga Sekulic)著；姜盈謙, 韓書妍譯. -- 初版. -- 臺北市：積木文化出版：英屬蓋曼群島商家庭傳媒股份有限公司城邦分公司發行, 2022.08
　面； 　公分 譯自：Le bonheur c'est les autres: Guide de développement collectif.
ISBN 978-986-459-416-0(平裝)

1.CST: 人際關係 2.CST: 友誼
177.3　　　　　　　　　　　　　　　　　　　111007965

巴黎女人的幸福哲學

原文書名	Le bonheur c'est les autres: Guide de développement collectif
作　　者	伊內絲・法桑琪（Ines de la Fressange） 蘇菲・嘉雪（Sophie Gachet） 奧爾加・塞庫利克（Olga Sekulic）
譯　　者	姜盈謙、韓書妍

總 編 輯	王秀婷
責任編輯	李　華
美術編輯	于　靖
版　　權	徐昉驊
行銷業務	黃明雪

發 行 人	凃玉雲
出　　版	積木文化 104台北市民生東路二段141號5樓 電話：(02) 2500-7696｜傳真：(02) 2500-1953 官方部落格：www.cubepress.com.tw 讀者服務信箱：service_cube@hmg.com.tw
發　　行	英屬蓋曼群島商家庭傳媒股份有限公司城邦分公司 台北市民生東路二段141號2樓 讀者服務專線：(02)25007718-9｜24小時傳真專線：(02)25001990-1 服務時間：週一至週五09:30-12:00、13:30-17:00 郵撥：19863813｜戶名：書虫股份有限公司 網站：城邦讀書花園｜網址：www.cite.com.tw
香港發行所	城邦（香港）出版集團有限公司 香港灣仔駱克道193號東超商業中心1樓 電話：+852-25086231｜傳真：+852-25789337 電子信箱：hkcite@biznetvigator.com
馬新發行所	城邦（馬新）出版集團 Cite（M）Sdn Bhd 41, Jalan Radin Anum, Bandar Baru Sri Petaling, 57000 Kuala Lumpur, Malaysia. 電話：(603) 90578822｜傳真：(603) 90576622 電子信箱：cite@cite.com.my

內頁排版	劉靜薏

2022年8月25日　初版一刷
售　價／NT$550
ISBN 978-986-459-416-0

伊內絲・法桑琪

Ines de la Fressange

蘇菲・嘉雪 Sophie Gachet ❖ 奧爾加・塞庫利克 Olga Sekulic

Happiness

巴黎女人的幸福哲學

THE ART OF TOGETHERNESS

姜盈謙、韓書妍 ❖ 譯

積木文化

CONTENTS 目次

前言

「生活永遠不會如我們所預期的發展，但這樣很好。」

走進書店，不難發現「個人成長」類的書籍四處充斥，我自問，是否該好好思考「成長」這件事了？對我而言，與他人交流互動，才是成長之源。封城的日子讓我充分體會，儘管家人圍繞在身邊，我卻非常想念無法相見的朋友。我深信，人都需要陪伴，才能獲得真正的幸福，使生活充滿喜悅。這個時代，人人都自我中心：少了濾鏡就無法自拍，個人安逸比群體利益更重要。而我傾向認定他人是我的救贖，友誼是避風港。疫情來襲這段時間，我們都慢了下來，將注意力全擺在自己身上，而現在，該再次關心他人了！

我並不是想當什麼開班授課的「心靈導師」，雖然我自認為我的心靈之眼看得還算透澈，我覺得「退一步」是體會生活的理想方式。而且，我很確定：少了朋友，人生就白走一遭了。所有關於幸福的研究都在在印證：友誼使我們幸福，甚至能對健康產生正面影響。

這本書裡，收集了社交生活中，令我感到開心的所有事物。這本書不是我獨立完成的，我的朋友奧爾加和蘇菲幫助我重現了許多回憶，讓我想起歡樂是如何進到生活之中。我希望這本集眾人之力的書，除了能展現團結的力量，還可以證明：只要大家攜手行動，就能走得更長遠，思考得更多。

要不要遵照這本指南，都沒關係！但有一件事很重要：要幸福，這是你堅定的目標。

LONG LIVE LIFE!

（生活萬歲！）

「友誼一如愛情，需要付出許多努力、關心和堅定
不移，最重要的是，我們必須付出
生命中最寶貴的東西：時間！」

——法國演員凱撒琳‧丹尼芙（Catherine Deneuve）

朋友之愛

朋友，是我們選擇的家人

我有一個我深愛的、真正的家，但也有許多手足一般的朋友，
或許可算是所謂的「重組家庭」。

我喜歡動物，
而且我很高興地宣布：
「我們是社交動物！」

**我們需要他人陪伴，
才能感到幸福。**

科學證明：人們有百分之七十的幸福感，來自於與朋友、家人和同事的關係。沒有他人在身邊，我們的生活就毫無意義。

根據一所美國大學的研究：與他人互動，能延長百分之五十的預期壽命。

也就是說，越常獨身一人，越短命！

缺乏社交，就和每天抽十五支煙一樣有害，甚至比不做運動更傷身。
很嚇人吧？假使過去幾年，你不認為與朋友見面有什麼益處，而現在才發現這是個
嚴重的問題，告訴你一個好消息：孤獨的負面影響是可逆的。呼，好險！

快打給朋友，：「我需要見你一面，否則我會死掉！」

這些問題很重要！

朋友成群，圍繞在身邊真好，但在揮灑友誼之
前，你需要知道一些事情。

1
幸福是可以分享的嗎？

我不會避諱三不五時地去叨擾過得幸福的朋
友，也不會拋下不幸的朋友，如果能讓他們振
作起來，我也會得到快樂。

魁北克康考迪亞大學（Concordia University）
進行的一項研究顯示，友誼可以保護人們免受
壓力和抑鬱的影響。而且毋須處方籤！

2
朋友一定要
氣味相投嗎？

我不想費心舉證，但許多
研究顯示朋友之間通常具
有非常高的基因相似度。
然而，我自己是個「物以
類聚」的反例，我有來自
各行各業、不同國籍、社
會階層的朋友。只要能逗
我開心，我就會和他膩在
一起！

③

是否該對好友
暢所欲言？

當然！不過，你願意掃興地說，你比較想在
Netflix上追劇，而非去擁擠的戶外座吃壽司嗎？
要怎麼誠實說出自己的想法呢？正確答案是：
「不如外帶壽司，來我家看影集吧！」如果某些
朋友讓我們有所顧忌，那些人就不能算是朋友。

④

最好的朋友
真的存在嗎？

我對「最好」的概念有點感冒。顯然，我們
可以對某些人有較多的好感，但他們是「最
優」的嗎？其他人的友情難道就比較差嗎？
最好避免掉入這種「友誼頒獎臺」模式。我
沒有「普通好」的朋友。

我所有的朋友，
都是我的摯友！

5

可以和朋友
討論**政治**嗎？

可以吧。唯一的前提是：你要好好傾聽，
不要因為認為已猜到對方即將要說的話，就打斷對方。

更重要的是，要始終保持淡定。

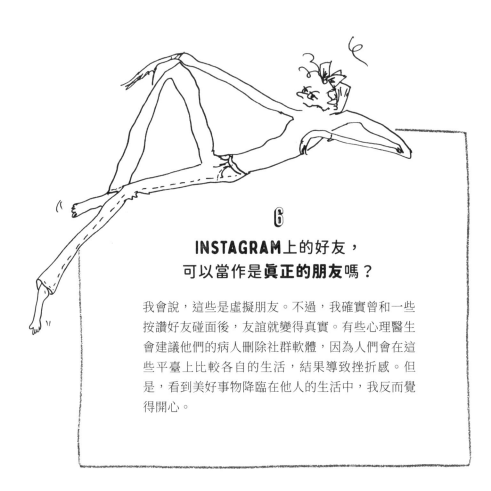

6

INSTAGRAM上的好友，
可以當作是**真正的朋友**嗎？

我會說，這些是虛擬朋友。不過，我確實曾和一些
按讚好友碰面後，友誼就變得真實。有些心理醫生
會建議他們的病人刪除社群軟體，因為人們會在這
些平臺上比較各自的生活，結果導致挫折感。但
是，看到美好事物降臨在他人的生活中，我反而覺
得開心。

積極正面

根據美國研究員、社會神經科學的創始人之一卡喬波（John Cacioppo）的說法，大腦更趨向憶起負面的經歷，而非正面的經歷。但如果你總是很消極，朋友就會一個接著一個離你而去。

保持正向心態，是可以學習的！

如果你陷入了消極之中，請試試以下建議：

深呼吸（總是很有效）。

避開消極的人……和沒有深呼吸的人。

抬頭挺胸，保持微笑！微笑能產生積極的想法。忘記微笑的人總是過得不順遂。如果你對生活微笑，生活就會對你微笑！

把煩心事拋諸腦後。書寫是一種解決方法，最重要的是清除雜慮。習慣正向思考能讓你看到事物光明的一面。因此，與其說：「我諸事不順，一身麻煩。」不如說：「好多挑戰，真有趣。」局勢將會翻轉！

「不要讓小口角破壞重要的友誼。」
——達賴喇嘛

如何結交朋友？

童年、甚至學生時代，都是輕易結交朋友的時期。
成年後，與陌生人建立關係更難了。友誼的橋梁不是一天搭起的！
交朋友的正確態度是什麼呢？

説謝謝

這不是什麼新聞，大家都知道，心存感激的人廣受歡迎。更重要的是，我們都希望再次見到曾對自己表達謝意的人。「感激」一詞近來很流行，算不算某種時尚？

打電話

花時間打電話給朋友致上關心，讓他們明白你有多重視這段友誼。如果你不表達，他們就不會知道，這很容易理解。「那些你關心的朋友，會讓你在凌晨四點拿起電話。」——演員瑪琳·黛德麗（Marlene Dietrich）

祝他們生日快樂

這件事輕輕鬆鬆就能做到，只要在某個應用程式中輸入朋友的生日，避免忘記。對方生日當天，打個電話，或發一則短訊，大功告成！如果你邀請朋友吃大餐或來家裡，還準備蛋糕和蠟燭製造驚喜，「閨密」的標籤就此到手。別忘了，所有的朋友，都是摯友。

患難之交

真心不怕考驗。在人生的低谷，我們會認清誰才是朋友。一遇到離婚、失業、喪事……有些「好友」會就此人間蒸發，而有些朋友卻會給予無微不至的陪伴，有時甚至是你意想不到的人。對朋友吐吐苦水吧！當煩惱一說出來，就會減輕不少，簡直就像奶酪一樣有效！

有耐心

在Instagram、Tik Tok、Snapchat 或 Facebook上交朋友非常容易，但在現實生活中建立堅實的友誼需要時間，具體而言，大約是140小時！堪薩斯大學（University of Kansas）教授霍爾（Jeffrey A. Hall）統計出人與人之間，從陌生人變成好友的相處時數：泛泛之交大約需50小時，而親密的友情則不少於300小時。想擁有好友，得費一番工夫！長久以來，我的不敗友誼法則就是：忠誠以待。

讓對方知道他很重要

雖然情感不言而喻，但說出口，有益於維繫友情。告訴朋友，你喜歡和他們待在一起，或他們對你來說很重要。當他人表達對你的好感時，也要盡力讓自己值得這份信賴。「我若和睦待人，人必和睦待我。」這不是什麼新鮮事，哲學家帕斯卡（Blaise Pascal）在十七世紀即說過：「良言美句不需一文，卻能成就許多事。」

多多見面

研究證實，成為朋友的要素之一，是熟悉彼此的臉。因此，如果你想和某個人成為朋友，你必須經常見到他。成為他生活起居的一部分！不過，也要懂得判斷朋友的類型：他是城市小狗還是戶外野貓？請配合對方的作息。我是什麼類型的朋友？不知道欸！但我很好相處。

收買他們

是的，是的，小禮物能使一切不同。我們總是認為贈送禮物要等良辰吉日。但為什麼要呢？我們隨時都可以花錢，為什麼要等商人的節日？朋友之間的微小心意很重要。如果你能找到適合他們的禮物，更是大大加分。

如何幫朋友
挑禮物？

我對於簡練風格的追求，經常到了
走火入魔的地步。這就是為什麼RSVP的
GOLDEN EYES系列重回我身邊，
以示我的寧缺勿濫。兩顆金色鉚釘，
就像變成了珠寶的眼瞳。

rsvp-paris.com

我在Curiosity Lab找到喜愛的
印度風商品。這些小袋子各異其趣，
都是完美典範。

curiosity-lab.com

⟶ **小手袋**

我是「小手袋控」，任何人只要打開
我的櫥櫃，就能看出我「病得不輕」。
我的小手袋遍布各處，我的人生都浪費在
購買和贈送小手袋。

我的最愛

這位設計師曾在Hermès、Martin Margiela
和Balenciaga門下求藝。印有Isaac Reina名
字的手袋，必然簡約時尚，絕對是又美
又能夠保值的好禮物。

isaacreina.com

→ 香氛蠟燭

雖然超老派，但總是討人歡心。

Diptyque「茉莉」香氛蠟燭

orizaparfums.com

Le Bon Parfumeur 01號香氛蠟燭：
羅勒、無花果葉、薄荷

bonparfumeur.com

Puebco日本香氛蠟燭

eu.goodhoodstore.com

Oriza L. Le Grand的「浪漫主義之歌」
（Le Rêve d'Ossian）

orizaparfums.com

Astier de Villatte的任一件商品

這間店的所有商品都很美,因此很難
出錯。從香氛蠟燭、香插至瓷器、文
具(Mantes-la-Jolie薰香橡皮擦):我
想要這家店的所有東西!

16 Rue de Tournon, Paris 6ᵉ
電話:*+33 1 42 03 43 90*
astierdevillatte.com

L'atelier Vime

這是我見過最迷人的房子之一。它
位在亞維農(Avignon)附近的瓦
拉布雷格(Vallabrègues),目前不
對外開放,但是在此完成的創作,
比如柳條製的美麗燈具,皆能在
ateliervime.com網站買到。那裡也
有一些老式家具。

ateliervime.com

Mr Céramiques的餐具

這間店座落於比亞里茨（Biarritz），
Mélissa Ruffault創造出極簡主義和精緻
的餐具。她的餐盤是以光滑的炻瓷所
製，美翻了。

mrceramiques.com

以Le Papier為名的筆記本

要不要來場革命？我愛極了紙質筆記
本。這些名為「Le Papier」的筆記本，
以「紙本抗爭到底」為口號來捍衛弱勢
處境。這些筆記本非常漂亮，還有令人
會心一笑的設計，例如封面上的字樣：
「我的筆記本從不離身。」此外，它們
都是法國製造，且對生態環境友善。紙
本革命止於銷售：
Le Papier可在*le-papier-fait-de-la-resistance.
com*網站訂購。

nes de la Fressange Paris x Yadi的餐具

仔吧，這算是業配，但這是因為我的
兩位共同創辦人真的很堅持。也因為
這個系列不是我一人創立的：我所設
計的獨一無二作品，皆由陶藝家Yadi燒
製而成。

adi-chic.com
aesdelafressange.fr

⟶ 一些甜食

Palomas

有天，某個可愛男孩寄給我一盒裹著蛋白酥的榛果帕林內（Praliné），不到兩天，我就徹底對這個卡路里炸彈上了癮。真的是太美味了！在不知不覺增肥了幾公斤後（直到盒子見底，我才去量體重），我才領悟，要學習對這些難以抗拒的甜食忌口！

2, rue du Colonel Chambonnet, 69002 Lyon
電話：*+33 4 78 37 74 60*
palomas1917.com

Merveilleux 的蛋糕

店名說明了一切（譯註：法文Merveilleux意指美妙）。每種口味皆有別名，例如「L'Incroyable」（譯註：法文意指不可思議、令人驚奇）是以打發的鮮奶油、焦糖蓮花脆餅（Speculoos）製作，再裹上一層白巧克力屑蛋白酥。每當我去朋友家吃晚餐的時候，我喜歡帶一些蛋白酥過去，並跟他們說：「我有個美妙的東西，它讓我想起你。」

auxmerveilleux.com

Méert的鬆餅

這間來自里爾（Lille）的甜點店，擁有超過250年歷史，世界上再也找不到更美味的鬆餅了，光是印有店名的甜點包裝袋就值得入手。這種鬆餅創始於1849年，塞滿了馬達加斯加香草內餡。店裡也有其他口味，還有曇花一現的限定品項，就像時裝系列一樣。

16, rue Elzévir, Paris 3e
電話：*+33 1 49 96 56 90*
meert.fr

→ 鮮花

收到鮮花每每讓我很開心，雖然這很老套，但花束使人心情愉快，履試不爽。
真正的挑戰是，如何挑一把搭配合宜的花束。

以花傳情！

1
零失誤選花：混搭白花能避免錯誤配色，
白色花束溫和不刺眼。

2
勇敢隨興混色也很歡迎，
就像在田野採花。

3
如果你幸運地擁有一座花園，
自家的花束總是大受好評！

4
室內盆栽也是個好禮物，
尤其搭配討喜的盆器。

UVE
ADIS
urgen

tique
40 ans
ne. »
Moody

PAULINA 1880

folio
classique

MON

YONGEY MINGYOUR
INPOTCHÉ
AVEC HELEN TWORKOV

INES

UR L'AMOUR
U MONDE

ES PÉRÉGRINATIONS
N MOINE BOUDDHISTE

fayard

Patrick Modiano
Prix Nobel de littérature
Rue des Boutiques
Obscures

folio

Khalil Gibran
Le Prophète
Préface
d'Amin Maalouf

Franc
Hér

Le Sel d

Joseph
essel

tages, Romans

PRODIGIEUX REPORTAGE
de
JOSEPH KESSEL

Francis Scott
Fitzgerald

Tendre
est la nuit

Le Livre de Poche

Tolstoï
Anna Karénine
Préface de Louis Pauwels
Traduction d'Henri Mongault

folio
classic

Dumas fils
La Dame aux Ca

Préface d'André Maurois
Édition de Bernard Raffalli

→ 一本書

選書和選酒一樣，用獲獎紀錄來判斷好像很容易。
但是，我才不想這樣亂送禮物！為朋友費些心思是好事，
當我選書送朋友時，我會尋找那些探討友情的書籍。

我最愛的幾本書：

《在路上》（*On the Road*, 1957）
作者：傑克‧凱魯亞克（Jack Kerouac）

你知道這本書是在三週內寫完的嗎？在這趟旅程中，
我們從迥然不同的兩個友伴身上，感受到真正的自由精神。
名言：「又一次，我們破舊的行李箱堆在人行道上；
我們面前還有漫長的路要走。但無所謂──道路就是人生。」

《高個兒莫南》（*Le Grand Meaulnes*, 1913）
作者：亞蘭－傅尼葉（Alain-Fournier）

（譯註：2007年改編電影譯作《美麗的約定》）
這本書的三位好友，在悲劇中更是不離不棄，展現堅定不移的友誼。
名言：「請你當我的朋友，即使當我身處地獄邊緣的那一天，一如曾經……
向我發誓，當我呼喚你的時候，你會回應我……莫南，你先發誓。」

《三劍客》（*The Three Musketeers*, 1844）
作者：大仲馬（Alexandre Dumas）

當談到文學中的友誼時，很難略過不提這本書。
「三劍客」在任何情況下都團結一心。
名言：「我為人人，人人為我！」

《尼各馬可倫理學》（*Nicomachean Ethics*）
作者：亞里士多德

一本反思幸福和他人的書。
從中我們理解到，過著合乎德善的生活，
才能在群體中游刃有餘，並體會到幸福本身就是生命的目的。
名言：「友誼是一個靈魂寓於兩個身體中。」

•

《那不勒斯故事》（*My Brilliant Friend*, 2011）
作者：艾琳娜·斐蘭德（Elena Ferrante）

以那不勒斯（Naples）的底層社會作為背景，
講述兩個朋友交會又分離的人生道路。
這套書的第一部曲始於二戰後的義大利。一部引人入勝的小說。
名言：「如果我們不嘗試，什麼都不會改變。」

《拉菲堡年鑑》（*Château Lafite: The Almanac*, 2020）
作者：薩斯基亞·德·羅斯柴爾德（Saskia de Rothschild）

好吧，這本書和友誼無關，這是一本葡萄酒書，但我很樂意把它送給朋友。這個故事總結了羅斯柴爾德家族在拉菲堡的150年歷史。整本書編排精緻，除了歷史，還有日常軼事、文件、偉大攝影師的相片。它既美麗、詩意又有趣。

《一個瑜伽行者的自傳》
(*Autobiography of a Yogi*, 2012)
作者：帕拉宏撒・尤迦南達（Paramhansa Yogananda）

這本書是蘋果公司的聯合創始人賈伯斯（Steve Jobs）
為自己的葬禮事先安排好的禮物，送給親密好友。

他在書中放了一張紙條：

「這是尤迦南達的書。提升你自己。」

藉由贈送這本自我成長的書，賈伯斯促成了

群體的成長

名言：「越簡單越好，你會驚訝地發現，
生活原來可以這麼單純、快樂。」

記下這天：*7月30日！*

JULY

國際友誼日

（INTERNATIONAL DAY OF FRIENDSHIP）

由聯合國所創立的節日，我的意思是，這真的很慎重。
我認為大家在這一天都要舉辦晚宴，款待朋友一番。

如何分辨
真心 的朋友？

每個人都想知道。認清一個人總是不容易，不過沒關係，
以下這些問題，若你回答「是」，那他／她
極有可能是你的忠誠好友。

在聚會上和你談話時，
他是否**盯著你的眼睛看**，而不是搜尋另一個
比你更風趣的朋友？

他是否願意**為你雪中送炭**：
照顧你的植物／你的貓／你的狗／你的孩子／
你的母親，即使他必須請假一天？

當你述說男朋友／女朋友因為忘了帶鑰匙
又不想吵醒你，結果沒辦法進家門時，
朋友看起來**全神貫注**嗎？

朋友是否有時會**重新提起**
早在六個月前就已拋到天邊的話題，
而絲毫不尷尬？

朋友是否偶爾會說：「我覺得你錯了。」
真心誠意的友誼無往不利，永遠為我們考量的朋友
真金不換。

朋友會沒事打**電話**給你嗎？
還是有求於你才打？

你無法跋涉**五千公里**為朋友慶生，
朋友是否一點都不介意？
（銀行不會放貸給旅行費用……）

他敢向我們**求助**嗎？

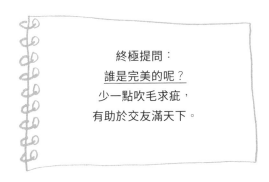

終極提問：
<u>誰是完美的呢？</u>
少一點吹毛求疵，
有助於交友滿天下。

好友名單

時不時問自己：哪些是你可依賴的朋友？哪些是會依靠你的人？哪些朋友已成為你生命的一部分？想想這些，感覺挺好的，也能為下一次生日的邀請更新名單。我對友誼忠心耿耿，但這份名單會不斷演變——某些名字會出現，卻少有人會消失。

當我付出友誼時，它就是一輩子！

才華洋溢的

好友們

我的朋友都知道，我就是喜歡他們的真實樣貌。

我的人生因為這些朋友的存在，變得更加豐富。

我能自豪地說，我的好友們各個才華洋溢，充滿極具特色的

熱情或職業。他們就像美麗的鮮花，為我帶來喜悅。

擁有順遂友誼的祕訣究竟是什麼呢？以下是他們告訴我的。

凡妮莎‧塞沃德（*Vanessa Seward*）

時尚設計師、畫家　vanessaseward.com

「我認為最重要的是包容心：要明白朋友之間未必擁有相同的夢想或想望，並接受朋友既有堅強的一面，也有弱點。」

紀雍‧亨利（*Guillaume Henry*）

帕度（Patou）藝術總監　patou.com

「善於聆聽、歡笑、記憶，還有驚喜！」

瑪杭‧蒙泰鳩（*Marin Montagut*）

插畫家、設計師　marinmontagut.com

「真正的朋友不需要常常見面，也會知道能夠信任依賴彼此。伊內絲和我是超過十年的好友，我們可以好幾個月沒見面，再見面的時候卻完全不生疏。」

瑪麗－艾蓮‧泰亞珂（*Marie-Hélène de Taillac*）

珠寶設計師　mariehelenedetaillac.com

「我的朋友就像我做設計時用到的寶石，讓我的生命亮起來。我們分享趣事、喜悅和歡笑，遇到困境時，朋友會保護我。」

帕絲卡・蒙沃桑（*Pascale Monvoisin*）

珠寶設計師　pascalemonvoisin.com

「朋友就是真正了解我們的人，很多時候，我們把友誼看得太理所當然了。一定要關心朋友，別忘了體貼和禮貌，不能只想到自己。」

✛

伊莎貝拉・羅塞里尼（*Isabella Rossellini*）

演員

「歡笑能讓一切變容易。我最喜歡和好友一起開懷大笑。」

✛

✛

菲德列克・佩瑞葛（*Frédéric Périgot*）

居家用品設計師　perigot.fr

「善良、周到、忠誠、幽默感，再加上深厚感情，這就是堅貞友情的祕密配方！」

多明妮珂・黎奧內（*Dominique Lionnet*）

美容專家　Instagram@dom_beautytalks

「有什麼祕方或魔法能讓友誼長存嗎？我不知道。不過，我建議在朋友身邊時，最好做自己，所有偽裝都是無法持久的。」

✛

迪迪耶．帕普路（*Didier Papeloux*）
諾曼地維萊維爾（Villerville）副市長

「用心維護，就能獲得真摯友誼的回報。成功的關鍵，在於彼此信任。」

莉露．芙格利（*Lilou Fogli*）
演員、劇本作家、Château Berger美妝品牌創辦人
chateauberger.com

「友誼就是信任、真誠和忠實，也想和對方分享快樂與憂愁，不用擔心受到批判。我認為，友誼是一輩子的事，就像愛情，只差沒有性！」

貝爾東．布爾加拉（*Bertrand Burgalat*）
音樂家、製作人

「不帶批判性、可信賴的友誼。」

妮可．維斯尼亞（*Nicole Wisniak*）
《*Égoïste*》雜誌創辦人

「敬愛朋友的缺點，包容他們的優點，無條件的支持、陪伴，並適時保持沉默。」

貝內蒂柯・佩德里耶（*Bénédicte Perdriel*）

企業家

「友誼很寶貴，值得你多花心思。運用科技就能輕鬆奉上小小善意：傳簡訊、照片、（美好回憶的）紀念照、簡單的『嗨』、『祝你好運』、『晚安』。我們幾乎每天都會給予彼此支持。」

亞歷山德・瑪堤希（*Alexandre Mattiussi*）

Ami品牌創辦人　amiparis.com

「良好友誼的祕訣就在於信任和善意。友情需要傾聽彼此，而且不求回報。真誠的友誼是無條件付出，且維持一輩子的。」

貝爾納・夏普伊（*Bernard Chapuis*）

記者、作家

「當我的人生下起雨時，我知道伊內絲一定會讓我躲雨。她就是這樣的朋友。」

米瑞耶・佩倫（*Mireille Pellen*）

主婦

「許多關愛，深切尊重，十足信任。在我們的農莊欣賞夕陽，或是在火堆旁喝一杯摩爾人調酒（Mauresque）。閒聊、歡笑、一起想開心的事情，總之，就是活在當下！」

+ **莉蒂亞‧普鳩爾**（*Lydia Pujols*）
彩妝師

「成功的友誼，經得起時間考驗。無論快樂還是痛苦，友情都能透過熱情、啟發、與共同分享的體驗打造而成，幫助我們成長茁壯，向前邁進。」

波瑞斯‧泰拉爾（*Boris Terral*）
演員

「我寫下『友誼』這個詞的同時，彷彿置身栗樹林間。因為我曾在一棵栗樹上，寫下朋友的名字以及這個詞。友情是需要花費心思雕琢形塑的。」

艾洛伊絲‧布莉昂（*Héloïse Brion*）
《瑪姬小姐的廚房》（*Miss Maggie's Kitchen*）食譜書作者、顧問

「友誼就是巧妙混合了自由、接納、終生信賴、長久支持、差異（包括出身背景、喜好、意見）以及靜默的成果，既輕鬆又令人滿足。美好的朋友，就像我們為自己選擇的家人。」

夏洛特‧雪奈（*Charlotte Chesnais*）
珠寶設計師

「我不會試圖改變朋友，他們才是擁有改變我的力量的人，幫助我成長、激勵我。」

安德芮 · 札娜 · 穆拉（*Andrée Zana Murat*）

食譜書作者

「要獨立而且尊敬朋友，不要過度打擾對方或令人費心。保持恰到好處的距離才能達到親密感，而不是過度親暱。」

莉雅 · 柯比迪（*Liya Kebede*）

超模、設計師　lemlem.com

「忠誠、善於傾聽、革命情感。」

吉爾 · 班西蒙（*Gilles Bensimon*）

攝影師

「當朋友有求於我，我會在他還沒把句子說完之前，就說『好』。我對朋友付出一切，並接受他們的缺點與優點。」

狄耶戈 · 德拉瓦雷（*Diego Della Valle*）

Tod's集團執行長

「沒有朋友或家人，人生就沒什麼意義了。我不相信沒有深刻的友誼，還能擁有快樂安心的人生。友情來自真實的情感，以及人與人之間的化學反應，無法強求。」

艾里·托普（*Elie Top*）

珠寶設計師　elietop.com

「真正的友情長長久久。一開始，吸引力引發火花，隨著時間過去，友誼之屋慢慢建立，用那份吸引力黏著起來，安放在欣賞之情、分享、尊重、堅定不移、關注和溫柔的支柱上。」

文森·達瑞（*Vincent Darré*）

設計師、室內設計師　maisondarre.com

「友誼是座遊樂場，充滿出忽意料的體驗。我喜歡和朋友們一起去冒險。我最愛收集朋友了！要是沒有朋友，我一定會無聊到死。」

德芬·庫爾泰（*Delphine Courteille*）

髮型設計師　delphinecourteille.com

「友情就像愛情，兩者都會隨著時間和成長而變得深厚。真心誠意的友誼經得起時間的試煉和日常生活的考驗。有些朋友久久才會見一次，但我們會想辦法維繫友情。」

菲菲‧夏希尼（*Fifi Chachnil*）

設計師　fifichachnil.com

「友情建立在相同的人生觀上，具有無法形容的、毫不動搖的互信感。當然，還有互相重視。」

瑪麗－法蘭絲‧柯恩（*Marie-France Cohen*）

Bonpoint品牌與巴黎選品店Merci創辦人

「朋友就像是我的生命之樹上的花朵，蝴蝶和蜜蜂每天都為這些花朵授粉。」

欣蒂‧布魯納（*Cindy Bruna*）

模特兒　Instagram@cindybruna

「友誼是雙向的關係，雙方都要投入，就像愛情，也必須細心呵護。交友是一種選擇，需要用善意與支持來維護。」

「我真正的朋友一隻手就
能數完。」這句話實在太
荒謬了。我樂意當長了很
多隻手的濕婆。

讓人想
呼朋引伴的
電影

《風雲人物》
(*It's a Wonderful Life*, 1946)
法蘭克・卡普拉（Frank Capra）執導

宅心仁厚的主角失去一切，然而朋友永遠陪在他身邊。一部我喜愛的黑白電影，還有帥氣的詹姆斯・史都華（James Stewart）主演。

經典臺詞：「親愛的喬治：記住，擁有朋友的人，絕不是一個失敗者。謝謝你讓我獲得翅膀！愛你的，克拉倫斯。」

《E.T.外星人》
(*E.T. the Extra-Terrestrial*, 1982)
史蒂芬・史匹柏（Steven Spielberg）執導

這部電影說明了，友誼可以將截然不同的生命體凝聚一起。對童年缺乏玩伴的史蒂芬・史匹柏來說，這幾乎是一部自傳電影。他對飛碟著迷不已，並為自己創造了一個朋友。

經典臺詞：「E.T.打電話回家。」

《末路狂花》
（*Thelma & Louise*, 1991）
雷利・史考特（Ridley Scott）執導

這部公路電影不只談論友誼，它已成
為女性主義者心中的神作，它證明了
兩個女人面對男性的暴力時，團結就
是力量。這部數十年前的作品，如今
被視為「搭檔電影」（buddy movies）
——夥伴一起經歷冒險的指標片。
經典臺詞：「路易絲，不管發生什麼
事，我都很高興和你一起上路。」

《稻草人》（*Scarecrow*, 1973）
傑瑞・沙茲堡（Jerry Schatzberg）執導

關於兩名失意男子決定結伴成行的故
事。情感樸實簡單，卻力道十足，這
部電影在坎城電影節贏得金棕櫚獎。
艾爾・帕西諾（Al Pacino）和金・哈
克曼（Gene Hackman）組成了一個極
富吸引力的雙人組合。
經典臺詞：「你把最後一根火柴給了
我，而且逗我開懷大笑。」

《洞》（*The Hole*, 1960）
雅克‧貝克（Jacques Becker）執導

在獄中，賈斯帕得知他的獄友決定挖隧道逃跑，而和他們結成了至交。這部電影備受讚揚。曾被新浪潮大師楚浮（François Truffaut）讚為傑作，是最偉大的法國電影之一。
經典臺詞：「可憐的賈斯帕！」

《虎豹小霸王》（*Butch Cassidy and the Sundance Kid*, 1969）
喬治‧羅伊‧希爾（George Roy Hill）執導

勞勃‧瑞福（Robert Redford）和保羅‧紐曼（Paul Newman）主演，一對搭檔亡命天涯的故事，綜合以上元素，保證值得一看再看！
經典臺詞：「如果我溺水的話，我就把你殺了。」

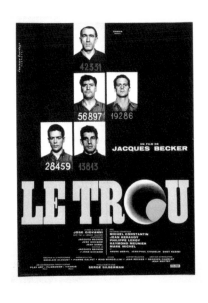

《第三集中營》
（*The Great Escape*, 1963）
約翰‧司圖加（John Sturges）執導

這部與史蒂夫‧麥昆（Steve McQueen）合作的電影，取自一段真實故事：在1943年二次大戰期間，關押在戰俘營中、來自不同國家的飛行員，策劃了一次集體越獄。
經典臺詞：「哇！」

真正的友誼，

並非如膠似漆，

而是就算相隔兩地，

情誼也不會改變。

歌頌友情的
歌曲

〈我將陪在你身邊〉（*I'll Be There for You*, 1995）
The Rembrandts

這首歌是《六人行》（*Friends*）的片頭曲。是一首慶祝友情的頌歌，唱出這首歌，就是描述友情的最棒方式！《六人行》如今已成為神劇，在每一集中，我們都學到更多跟朋友的相處之道，就像一門友情課。令人深深覺得情誼恆久不渝。而且，主角群在戲外也相處融洽。

關於人生，
《六人行》教會了
我們什麼事？

喬伊經常和其他人意見不合，那又如何？這就是喬伊！

從錢德身上得到的啟示：他總是在某個難題之中，看見積極的一面。

學會不在意別人的眼光，就跟菲比一樣。

沒有什麼大不了的事！要承擔風險，不要害怕改變。這是貫穿《六人行》整部劇的核心精神之一，也是它如此讓人熱血沸騰的原因。

接受朋友本來的模樣，這是《六人行》劇中相處和睦的關鍵之一。

〈愛比山高〉（*Ain't no mountain high enough,* 1967）
馬文‧蓋（Marvin Gaye）、塔米‧泰瑞爾（Tammi Terrell）

這首歌的訊息，就是當你準備好給某人關懷的時候，
任何事情都阻擋不了你。如果你和好朋友分隔兩地，
傳這首歌給他們吧，一定會讓你們感覺更親近！

♫

〈伴我同行〉（*Stand by me,* 1961）
班‧伊‧金（Ben E. King）

這首歌的靈感來自基督教詩歌〈Lord Stand By Me〉，
發行以來錄製超過400個版本，除了是同名電影《伴我同行》的
主題曲，也出現在1987年Levi's牛仔褲歐洲版廣告。這首歌對好友或
愛人皆適用，任何人都可以是歌詞中那位「親愛的」。

♫

〈有朋相助〉（*With a little help from my friends,* 1967）
披頭四（The Beatles）

想像一下沒有患難之交挺你的人生。
很可怕，對吧？顯然披頭四早就知道這點了。

〈依靠我〉（*Lean on me*, 1972）
比爾・威瑟斯（Bill Withers）

「依靠我吧！」這首歌描繪著友誼如何讓人克服種種障礙。
瑪麗・珍・布萊姬（Mary J. Blige）在2009年歐巴馬就職典禮上
演唱了這首歌。具有象徵意義。

♫

〈我想要的〉（*Wannabe*, 1996）
辣妹合唱團（Spice Girls）

辣妹很清楚這點：愛情來來去去，友情才是永遠的。
所以啦，如果你想要搞定某個對象，那就必須和他的朋友相處融洽。
這首歌傳達的夠直白了：如果你想當某人的愛人，就得接納他的朋友！

♫

〈感謝吾友〉（*Thank you for being a friend*, 1978）
安德魯・戈爾德（Andrew Gold）

這首歌以情劇喜劇《黃金女郎》（*Golden Girls*）主題曲兒家喻戶曉，
很適合買來送給好朋友當禮物。

♫

〈等一個朋友〉（*Waiting on a Friend*, 1981）
滾石樂團（Rolling Stones）

這首歌由米克・傑格（Mick Jagger）以及基思・理查茲（Keith Richards）
創作，述說他們樂團的情誼。絕對是神曲！

〈相信我〉（*Count On Me, 2010*）
火星人布魯諾（Bruno Mars）

就像《六人行》的主題歌一樣，這首歌說我們永遠
可以依靠自己的朋友。簡單而基本的道理。

「在愛情中幸福的祕訣,並不是盲目,
而是懂得適時地睜一隻眼閉一隻眼。」

——演員茜蒙・仙諾(Simone Signoret)

抓住
愛情！

　茜蒙・仙諾那句話，精妙地總結了一段戀愛關係的成功
之道：要懂得對某些細節視而不見，這些小事到了隔天
就無關緊要。問問自己：經過一夜，煩惱是否會煙消
雲散？別讓問題塞滿腦子，睡個覺，一切都會沒事的！
　熱愛生活，不要斤斤記較，憂慮的事就通通忘掉。

只留下正向情緒。

――――

正能量清單

寫下另一半身上，最令你欣賞的特質。

如果腦海裡沒有立刻跳出些什麼，那就寫下十個自己的缺點，
這會讓你發現自己身邊有個無論如何都愛你的人，真的很幸運！

最有效的
抗老療程是什麼？

愛情

無論是面對朋友、情人還是生活，
最重要的就是活出熱情。

當我們戀愛，並與另一個人分享生活時，
通常會把自己打理好。

結果就是：
老化速度變慢了。

但這不代表如果找不到真愛，就會短命，
熱愛生活也足以讓人想要好好照顧自己。

以上這句，是為了我那些離婚後表示，
再也不願意和男人一起生活的姊妹淘。

不管發生什麼事，
你都絕對不可以：

自暴自棄，抱著一桶冰淇淋，
在電視機前面挖著吃，消磨整夜。

如何
❦ 抓住 ❦
對方的心？

👉 **很簡單！** 根據心理學博士阿瑟·亞倫（Arthur Aron）的理論，向你心儀的對象問某些特定問題，就能簡單拉近距離！據說，當我們必須回答私密問題時，內心會變得脆弱，並傾向相信自己與問話者的關係非常密切。

我自己沒有驗證過，但聽說博士做完實驗的時候，當場就誕生了幾組情侶，其中幾對甚至結了婚。

這個研究的結論是：

你對另一半坦承得越多，
你們的關係就越堅不可催。

這麼簡單的道理，我應該可以
自己出題。不過，事先把話題
記下來，總是多一層保障。

如果當下只記得住一個話題，
我會選這個：

● 用四分鐘，盡可能詳細地告訴對方你的人生經歷。

多多認識對方的生活，能看出你們是否合適。
不愛狗的男人？淘汰！

在阿瑟‧亞倫提出的
三十六道
攻心提問中，不妨記住以下這些：

雙人晚餐的
氣氛即將開始
升溫……

● 如果可以選世界上的任何一個人來共進晚餐，你會選誰？

● 對你而言的「完美」一天是如何？

● 如果你可以選擇以三十歲的身體狀態活到九十歲，但心智也會停留在三十歲，你會想要這樣嗎？

● 你人生中最感激的是什麼？

● 如果你能改變曾發生在自己身上的一件事，那會是什麼？

● 如果你明天開始就會獲得一項新能力，或是一項特質，你希望那是什麼？

● 你覺得自己人生中最大的成就是什麼？

● 你最寶貴的回憶是什麼？

● 你最糟糕的回憶是什麼？

● 友誼對你來說代表什麼？

● 你家人之間的關係親密嗎？你覺得自己的童年是否快樂？

● 你和母親的關係是怎麼樣的？

● 請完成這個句子：「我希望和……一起，分享……」

● 告訴對方你喜歡他／她的什麼，要非常誠實，說一些你不會對初碰面的人所說的話。

● 你上次在別人面前哭是什麼時候？獨自哭泣呢？

● 你覺得有什麼事情是嚴肅到開不了玩笑的？

● 你的房子失火了，你擁有的全部東西都在裡面。在救出家人和寵物之後，你還能衝進去最後一次，但只有辦法拿一樣東西，你會拿什麼，為什麼？

最後，安靜地注視對方的眼睛幾分鐘……

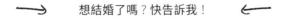

想結婚了嗎？快告訴我！

檢查清單

寫下情人的優點和缺點，然後兩人一起討論。

- ------------------------------------
- ------------------------------------
- ------------------------------------
- ------------------------------------
- ------------------------------------
- ------------------------------------
- ------------------------------------
- ------------------------------------
- ------------------------------------
- ------------------------------------
- ------------------------------------
- ------------------------------------
- ------------------------------------
- ------------------------------------

新世紀
愛情故事

如果你還沒找到靈魂伴侶，
也別灰心，現在就來介紹多樣化的
怦然心動法。如今，社群媒體和
各種應用軟體使戀愛遊戲大大進化，
我們已不需要在酒吧裡眉來眼去，
裝酷耍帥。

在 *Instagram* 對情人
大聲示愛

　　儘管有點老梗，但在情人節發貼文總是很有效。不過，不能太做作。我們可以指出他的一個小毛病。好吧，我的愛人完美無瑕，所以我想不出來……但如果他有缺點的話，要馬上提醒他，無論發生任何事你都愛他。

　　選一張簡單的照片，加上「我的太陽」或「我畢生的摯愛」的文字。當你是個會珍藏情感紀錄的人，這招立即見效，能讓你展開全新人生。我認識一些非常聰明的男孩，他們以情人的照片開設Instagram帳號，奠定感情基礎。

　　不必洋洋灑灑，幾句話就好，添加一點幽默總是受歡迎的。上傳一張愛人的照片並下個註腳：「這個我留下了。」搞定。

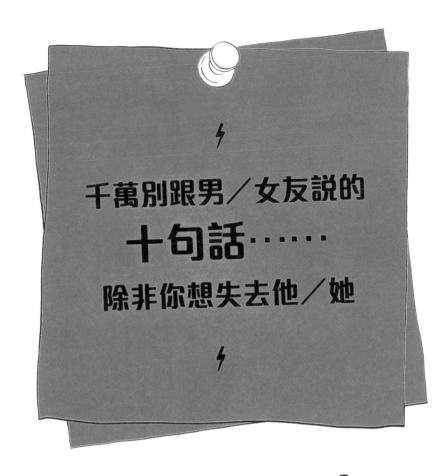

千萬別跟男／女友說的
十句話……
除非你想失去他／她

1

我的前任情商超高，

從不失控。

2

你的前任有夠多，我覺得你

重量不重質。

3

這是我一生中最棒的假期，

可惜你沒辦法來！

4

你是不是

胖了？

5

太扯了，你弟弟／妹妹有你的優點，

沒有你的缺點！

6

你還沒刷牙嗎？

7

你的

健身房
是不是倒了？

8

我很期待開學！假期雖然很好，

但兩個人窩在一起兩個星期，

有點太久了。

9

"你在給誰傳訊息？"

10

我的新上司

太優秀了：漂亮、聰明、

風趣又了不起。

她／他完全就是

人生勝利組。

我很久沒遇到

這麼完美的人。

10 句 套住情人終生必備的愛情語錄

♥ " 我最欣賞你的是…… " ♥

挑出一、兩個對方身上，你最喜歡的特質，如果抓破頭也不想到，
可能要考慮換一位男／女朋友……

「要找到**比你更威猛**的情人，**比登天還難**。」

「**我不急著定下來。**」

他對征服的渴望
會使你改變心意，
**畢竟大家
都熱愛挑戰。**

注意，這句話對那些
不趕著許下承諾的人很管用，
但對浪漫成癮的人來說，
可能會造成反效果。

「你的眼神
讓我神魂顛倒。」
 百戰百勝

「你是不是
瘦了？」
即使他的大肚子裡
裝著幾瓶啤酒

「要不要
一起去
你媽家
吃個
晚餐？」

「是你讓我看見
幸福的模樣。」

「能夠
遇見你
真的很
幸運。」

「你穿**藍白拖**
也這麼**時尚**，
究竟是什麼魔法？」

「你的
聰明才智
絕對有益於
全人類。」

為你的甜心愛人挑禮物，有時候還真是困難重重。因為禮物不只是物品，更會表現出你看待另一半的方式。因此，千萬別送家電！想像你親愛的人收到最期待的禮物，然後搭配「一句話」，讓禮物更有意義。

《美感收納術：全美最強整理達人教你收納變日常、整理變享受的質感生活提案》（*The Home Life: The No-Guilt Guide to Owning What You Want and Organizing Everything*）

作者：克莉亞・席爾（Clea Shearer）、喬安娜・泰普林（Joanna Teplin）

嗯，如果你的伴侶已經是整理達人，總是把心煩雜物收拾乾淨，那就別買這本書。不過對於想要讓事物整齊有序的人，這本充滿玩心的書再適合不過，還能讓他們把住家打理得漂亮有條理。一旦你開始遵從作者的收納指南，一定會上癮。

一句話：「讓我們的愛巢井井有條。」

thehomeedit.com

桌邊話題：開啟絕佳對話的好幫手

（TableTopics Couples：Questions to Start Great Conversations）

「你為伴侶做過最浪漫的事是什麼？」「如果我們都辭掉工作，想要做什麼呢？」透過135個這類整套的提問卡，進一步認識此生摯愛。最適合打發下雨的晚上。

一句話：「來進一步了解彼此吧！」

tabletopics.com

寶麗來 Polaroid Go

有人記得拍立得相機嗎？按下快門，就能立刻得到照片，在前數位時代風靡一時。今日，智慧型手機已大大取代相機，但是就連趕流行的年輕人都喜歡在牆面釘滿「真正的」照片。這款全新的寶麗來相機體積小巧，可以輕鬆帶著走。

一句話：「讓我們的愛化為永恆。」

polaroid.com

音樂合輯

為你的伴侶製作老派的音樂合輯吧！無論是播放清單還是實體錄音帶，為兩人挑選一小時（大約20首歌曲）別具意義的音樂，例如令人回想起邂逅情境、一起旅行、僅限兩人之間的笑話，或是「你專屬的歌」。如果加入一首你的伴侶超愛、但是你超討厭的樂團的歌，一定會大大加分，因為這能展現出你的用心程度。

一句話：「聆聽我們的愛之聲。」

Kreafunk行動電源

這可不是單純的行動電源，Kreakfunk的「toCHARGE」也是優美的設計品，外型有如圓潤的卵石。這個來自丹麥的品牌提供多種顏色選擇，藍牙耳機也同樣繽紛，同時也保有我最喜愛的極簡風格。

一句話：「永遠保持聯繫。」

kreakfunk.com

讓人想
談戀愛的
電影

《天長地久》
（*Heaven Can Wait*, 1943）
恩斯特‧劉別謙（Ernst Lubitsch）執導、
吉恩‧蒂爾尼（Gene Tierney）和唐‧阿米
（Don Ameche）主演

經典臺詞：「做正確事的人身旁，
總有一群人在努力證明他錯了。」

《育嬰奇譚》
（*Bringing Up Baby*, 1938）
霍華‧霍克斯（Howard Hawks）執導、凱瑟
琳‧赫本（Katharine Hepburn）和卡萊‧葛
倫（Cary Grant）主演

經典臺詞：「我只有兩件事該做：把我的雷
龍組合完成，並在三點鐘結婚。」

《北非諜影》（*Casablanca*, 1942）
麥可・寇蒂斯（Michael Curtiz）執導、
亨弗萊・鮑嘉（Humphrey Bogart）和
英格麗・褒曼（Ingrid Bergman）主演

經典臺詞：「我們將永遠擁有巴黎。」
　　　　或是「那是炮火的聲音，
　　　　還是我的心在跳動？」

《願嫁金龜婿》
（*How to Marry a Millionaire*, 1953）
讓・尼古拉斯科（Jean Negulesco）執導、
瑪麗蓮・夢露（Marilyn Monroe）和勞倫・
巴考爾（Lauren Bacall）主演

經典臺詞：「女人為了投注賽馬而絞盡腦
汁，而非選出一位丈夫。」

《熱情如火》
（*Some Like It Hot*, 1959）
比利・懷德（Billy Wilder）執導、瑪麗
蓮・夢露（Marilyn Monroe）和湯尼・
寇蒂斯（Tony Curtis）主演

經典臺詞：「戴眼鏡的男人尤其溫柔、
親切而且無助。」

《公寓春光》
（*The Apartment*, 1960）
比利·懷德（Billy Wilder）執導、莎莉·麥克琳（Shirley MacLaine）和傑克·李蒙（Jack Lemmon）主演

經典臺詞：「當你愛上已婚男人，就不該塗睫毛膏。」

《第凡內早餐》
（*Breakfast at Tiffany's*, 1961）
布萊克·愛德華（Blake Edwards）執導、奧黛麗·赫本（Audrey Hepburn）主演

經典臺詞：「別當懦夫、偽君子、情感騙子。我寧願得癌症，也不願得到一顆不誠實的心。」

《謎中謎》（*Charade*, 1963）
史丹利·杜寧（Stanley Donen）執導、卡萊·葛倫和奧黛麗·赫本（Audrey Hepburn）主演

經典臺詞：「我不會咬人……除非必要。」

《當哈利碰上莎莉》
（*When Harry Met Sally*, 1989）
羅伯‧雷納（Robert Reiner）執導、梅
格‧萊恩（Meg Ryan）和比利‧克里斯托
（Billy Crystal）主演

經典臺詞：「當你想和某個人共度餘生時，
你會希望餘生盡早開始。」

《戀愛沒有假期》
（*The Holiday*, 2006）
南希‧梅爾斯（Nancy Meyers）執
導、卡麥蓉‧狄亞（Cameron Diaz）
和凱特‧溫斯蕾（Kate Winslet）主演

經典臺詞：「在愛情裡，我總是想很多，
對於愛情改變和定義我們的那股魔力，
我總是感到驚訝。」

《阿甘正傳》
（*Forrest Gump*, 1994）
勞勃‧辛密克斯（Robert Zemeckis）
執導、湯姆‧漢克（Tom Hanks）主演

經典臺詞：「珍妮和我就像豌豆和胡蘿
蔔一樣，形影不離。」

營造戀愛氛圍的
情歌

〈當男人愛上女人〉 (*When a Man Loves a Woman,* 1966)
珀西‧史賴吉 (Percy Sledge)

這是我腦中自動浮現的第一首歌，或許是因為曲名，
但也是因為這是我青年時期的慢歌之一。當然還有奧蒂斯‧雷丁
(Otis Redding)。在那個年紀，我們都很把這些歌當一回事。

❧

〈這應該是愛〉 (*And It's Supposed to Be Love,* 2006)
Ayo

我喜歡Ayo性感的嗓音和這首歌的氛圍。
適合在奔赴初次約會時的路上聽，包你狀況絕佳。

❧

〈大聲思考〉 (*Thinking Out Loud,* 2014)
紅髮艾德 (Ed Sheeran)

當我們想到情歌，就會馬上想到伊迪絲‧琵雅芙 (Edith Piaf) 的
〈愛的讚歌〉 (*Hymn to Love*)。所以我想建議一些更當代的歌
曲，這是世界上我最喜歡的歌之一，就和老歌一樣好。

〈你的溫柔歲月〉（*Tes Tendres Années,* 1963）
強尼‧哈立戴（Johnny Hallyday）

這是情歌的巔峰，關於男人愛上一個心已另有所屬的女人，
但他的愛是無條件的。強尼去世的時候，沒有人提及這首歌。

❤

〈約定〉（*L'Appuntameto,* 1970）
歐奈拉‧法諾莉（Ornella Vanoni）

義大利流行歌的經典之作。「我已經犯錯很多次，我很清楚，
但今天我可能又錯了……」沒錯啊！這就是愛情的神奇之處！

❤

〈我的愛就是如此堅強〉（*That's How Strong My Love Is,* 1965）
奧蒂斯‧雷丁

對我來說，很難不把奧蒂斯‧雷丁放入播放清單。
從我十三歲開始，從沒中斷聽他的歌。好吧，我在選擇它和
〈我愛你愛得太久〉（*I've Been Loving You Too Long*）之間陷入兩難。

❤

〈我們結婚吧〉（*Marry You,* 2011）
火星人布魯諾

「Hey baby, I think I wanna marry you!」清楚明瞭。想求婚卻
害怕受傷害？播放這首歌，然後看看是否求婚成功……或失敗。

❤

〈我愛你〉（*I Love You,* 1962）
法蘭克‧辛納屈（Frank Sinatra）

「You're just too good to be true.」嗯，沒錯，我們很樂意聽別人這樣說。

「幸福具有傳染力。沐浴在幸福環境中的孩子
很快樂。如果希望家人平安祥和，
就努力讓自己快樂起來吧！」

——精神科醫生、行為科學家鮑赫斯‧西呂尼克
（Boris Cyrulnik）

甜蜜的家

傳統的家庭觀念，經過了數個世紀，已經大不相同。但家庭的核心
從未改變：家就是那個提供穩固支持，以及無條件愛的地方。
家庭是滋養幸福感的場所，而家庭所帶來的影響會伴隨一生。

如果我們渴望美好的家庭生活，不妨花點時間，回憶一下
自己的童年，想想看自己希望給家人留下什麼、不希望留下什麼。
如果缺乏反思，我們極有可能會一再犯下相同的錯誤。
客觀分析自己的經歷，但不需去批判任何事。

**「當我們能同理父母，
且不嘗試改變他們時，
我們就長大成人了。」**

接受自己身上來自父母的遺傳，並記住自己有不同的經歷和背景。
經常觀察自己對事物的反應，並嘗試去理解。不愉快時，要記得
事出必有因，若能平靜分析，或許衝突就能平息。例如，你總是很討厭
過生日，仔細回想，或許是因為你的父母從未幫你慶生。

拉拔孩子

當你有了孩子，請把這項整合神經科學研究所
揭示的數據銘記在心：

父母對孩子的同理心和呵護，
有助於孩子的大腦健全發育。

只要單純地理解這一點，
教育工作（是的，這是一份工作……）
就會簡單得多，而且事半功倍。

? 誰說
和藹可親很鄉愿，
虎媽虎爸
才了不起？ ?

今天開始，慈眉善目強勢回歸，
我要（穿著粉紅色的背心）積極奮鬥。

家長們，
用溫情善意的態度，來表達你們的憤慨吧！

孩子的
幸福祕訣

「信任」就是最好的教養

到底是什麼化學反應，讓父母情緒爆炸？答案：對孩子缺乏信任，加上恐懼。如果父母的教育態度中少了「信任」，和孩子之間的衝突將無可避免。

親吻孩子

別懷疑，我極度建議將孩子一直抱在懷裡。處理家務時，用嬰兒背袋背著，讓他們像小袋鼠一樣午睡。針對早產兒的**袋鼠式護理法**（Kangaroo Care）研究，真的深得我心。

袋鼠式育兒的根據？研究顯示，將嬰兒置於父母懷中，讓彼此肌膚緊密貼合，能降低嬰兒的死亡率、嚴重疾病、感染和縮短留院時間；也同時延長睡眠時間。這項源於1978年哥倫比亞的護理法，原本是為了彌補早產兒保溫設備不足，後來間接證明了愛撫和觸摸對兒童的健康大有助益。

3 · 培養幽默感

***過度嚴肅*地看待事物，會讓生活很悲慘。**

愛荷華州格林內爾學院（Grinnell College）認知心理學教授珍妮特・吉普森（Janet Gibson），在網站「The Conversation」的文章中，說明幽默感是良好心理健康的特徵。如果你很幽默，就該施惠他人，為人們謀求福祉。幽默能減輕壓力，並使你與他人相處更和睦。

請注意，逗長輩笑還是要守分寸，這很嚴肅。

與孩子聊天，是奠定成功教育基礎的一部分，尤其是當涉及「敏感話題」時。

決不切斷
溝通橋梁

避談毒品、酒精等禁忌話題不明智。

越敏感的話題，越應充分溝通，使孩子感覺到父母的關注，並具備辨識風險的能力。不和孩子談論這些事情可能很危險，他們必須做好準備。要詳細地告訴他們如何脫險。孩子需要知道，如果被奇怪的大人尾隨，要勇敢走進店鋪尋求幫助。我很驚訝，許多現代父母仍然忌諱談論社會黑暗面。請主動大方將我們的觀念和處理危機的方式提供給孩子，孩子不會一直等你。

為了與孩子交流，必須努力把「餐桌時間」保留下來，

不配電視也不看手機。這件事聽起來理所當然，但我認識很多父母從未和自己的孩子吃早餐，或是共進晚餐。好可惜。人們總會說：「與孩子共處的品質比時間重要。」話雖沒錯，但我認為時間長度也是必要的。父母需要時間講述自己的故事！

永遠別忘記身教！

如果我們動不動就發火、辱罵、抓狂，
那麼，孩子若有樣學樣，也沒什麼好訝異的。
我滿確定暴力並不是好的教養守則。

大家應該都同意吧？

我最喜歡的四條教養守則

1
謹守例行作息

對年幼的孩子而言，按表操課是必要的，尤其是睡眠。我好幾次在班會上聽老師說：「請務必讓孩子在正確時間就寢，不要熬夜，課桌不是用來補眠的。」然而，別跳過說故事儀式，科學證明睡前故事對大腦發育有益。

2
寫字端正清晰

首先，潦草字跡鮮少人看得懂，除非是象形文字專家。其次，學校老師沒那個閒功夫先破譯密碼，再批改作業。

4
保持良好的
餐桌禮儀

餐具不是網球拍，嘴裡塞滿食物時拜託別說話，會阻礙消化。

3
每天刷牙
和洗澡

孩子需要框架、規律和讓他們安心的事物。

孩子不需要的是

過度濫用的權威

一味嚴厲、無數的禁令,都是無效的。當孩子被禁止吃糖果,他們總會設法在某個機會吃,而且吃得更多。

禁止激發欲望

偶爾打破常規,做一些出格的事,是有益健康的。例如在夜裡逛大街,因為下雪了,或是在臥室裡野餐,而非端坐在餐桌前吃飯。

永遠記得,孩子並不屬於你!

我一直認為,每個孩子被生下來都是奇蹟(很難懷孕的我,尤其有感觸)。要明白他們並不是父母的私有財產。身為父母雖然對孩子有責任,但孩子是獨立個體,就算哪天離開了,自己也能活得好好的。接受事實,不要想控制一切,關於孩子的所有事都不是我們能決定的。父母不是孩子世界的中心,我們的使命是讓他們能自立。

當然,每個爸媽都有自責的時刻。

我曾有段時期旅行頻繁,當時我會這樣安慰自己:「這次只有四天而已。」但對孩子而言,我不在時,他們度日如年。

我總是只想看到生活正向的一面,並用相應的角度思考。但我也有自知之明,這種態度有時很煩人。

人得接受自己並非完美無缺。

教養青少年，
簡單！

大家都知道青春期始於十二歲，直到十八歲，甚至更大。
但你知道嗎？引發青春期危機的原因，往往來自於
無法忍受孩子長大的父母。這個轉捩時期遲早會過去的，
請記得「羞辱」是最糟糕的教導，溝通絕對比否定有效，
尤其當孩子處於「革命模式」的時候。緩和緊張氣氛，
是我們「過來人」的任務！

與青少年和解

請收斂脾氣

你的青春期孩子在客廳裡丟了一罐汽水，在房間裡亂撒衣服……沒有必要因此禁足他們一週，好作為「警告」。這叫反應過度，很愚蠢，會失去孩子的信賴感。你是大人，要懂得控制情緒和明白事理，在為了一條扔在地上的短褲大發雷霆之前，想一想達賴喇嘛會怎麼說！

不要為小事冷戰

放棄溝通，就會失去你與孩子的連結。孩子應當要能夠毫無顧忌地說出他們的煩惱，即使他們更傾向和朋友談天，仍然需知道，不安的時候，父母會隨時待命。無論如何，我們大可不必只是因為他們忘了倒垃圾，就擺張臭臉。如果你家有青少年，就藉機好好修行吧！

避免六件事，平安度過青春期

- 沒有**馬上清洗**在髒衣籃裡的帽T，等到他們要穿的前一晚，你就死定了。

- 問十八歲的青少年，今晚是否打算在家吃飯……你可能會被指控為**獨裁者**。

- 青少年跑趴，你設定門禁時間，小心被說是**情緒勒索**。

- 對青少年的男朋友／女朋友**有微詞**，你會直接被歸類為**憂鬱症老頭**。

- 用「哥德風」形容某青少年臉上的眼線，你會立刻被貶為**跟不上時代**。

- 帶青少年去度假，卻**不讓他邀請朋友**，這等於在暗示他們之後收到度假邀約時，也**不用邀請你**。

家長
脫口而出的
3大
荒唐話：

「我也挨過耳光，還不是
活得好好的！」

「我們夫妻倆
自己去玩，才不會被
小孩子打擾！」

「少幼稚了！」

守護
重組家庭

繼父或繼母，是家庭中最微妙的角色。即便這個稱謂中也有「父」或「母」，但我們必須面對現實：繼父母不如原生父母，他們有養育義務，卻沒有管教權利。這個角色很複雜，既是父母，又無法成為真正的父母，他們能提出建議，但就算不被遵循，也無法專制而行。繼父母必須遠觀其變，與事件保持一定距離，才是這個角色的成功詮釋。

雖然離婚很常見，但不應該等閒視之，我並非質疑離婚本身，只是，對孩子而言，這不可能是件微不足道的事。不和父母同處一個屋簷下，習以為常的忽然改變了，簡直是天翻地覆。年幼孩子往往看似逆來順受，然而傷痛帶的影響可能在長大後才發酵。因此，為繼父母，最重要的任務就是降低任關係惡化的可能性。

「沒有完美的母親，也沒有比你更優秀的母親。」
——親子作家凱瑟琳‧多爾托－托利奇（Catherine Dolto-Tolitch）

這句話讓我**如釋重負**

•••••••••••••• 如果你是父親，這則鼓勵也適用 ••••••••••••••

是時候停止幻想自己能掌控一切了。

保持平常心，好好過日子，
與肩上的責任和平共存，
就能成為最適合你孩子的父母。

養隻
狗吧！

討論到家庭，就不能不提到狗。狗狗是我生活的一部分。當我還是個年輕的模特兒時，我常牽著吉姆——我的狗狗去散步，吉姆還有一本專屬的相簿。狗和抗憂鬱藥物一樣有效，當我們摸狗的時候，大腦會分泌催產素，也就是俗稱的「幸福荷爾蒙」。據說，養狗還可以減緩老化……想也知道，我們要帶牠出去、扔球給牠，還必須去採購狗糧。我能用親身經歷證明，狗狗確實有降血壓、保護心血管的「醫療功效」。

總之，
我們的幸福不僅來自
朋友、家人，
還有狗狗。

為什麼狗狗是
最棒的寵物？

因為副作用遠低於抗憂鬱藥物。

牠們從不否定你。

如果你單身，牠們可以讓你遇見偉大的愛情。
想想《101忠狗》的情節。

有些狗是好保鑣。嗯，不過有些不是。
我的馬爾濟斯「丁奇」就不太適任……

→ 家人就是最棒的禮物

「我此生能擁有的最棒禮物就是你——我的家人！」
這可能是家人生日或聖誕節時，常會說的一句話。
收到這份「禮物」永遠令人開心呢！

Dr. Barbara Sturm的美膚茶分子草本露
（Skin Tea Molecular Herbal Infusion）

照顧心愛之人的身心靈

有什麼比照顧家人健康更重要的呢？這
款草本茶含有洋甘菊、薑、茴香、甘
草、粉紅玫瑰花瓣，具有舒心放鬆的效
果。美味的花草茶裝在漂亮的罐子中，
這款魔法藥水，讓一切都棒透了。

drsturm.com

展覽門票或博物館會員

提升家人的知識

雖然我也可以邀請家人花一整天在購物
中心大買特買，但是我更喜歡大家一起
學習新知的點子。來趟博物館或畫廊之
旅，離不開Instagram和抖音的青少年或
許會怨聲載道地反對，不過，讓他們帶
著滿滿知識進入元宇宙是我的責任。

烹飪課

一起度過美好時光、合力創造
事物，是增進感情的最佳方式。
無論是做蛋糕或其他料理，
最重要的是以家人身分
一起享受這項活動。
想學會製作好吃的法式可頌或馬卡
龍嗎？請上*lacuisineparis.teachable.com*
報名英文線上課程。

空白石板遊戲（Blank Slate: The Ga
Where_Minds Think Alike）

看看你們是否真的對彼此瞭若指掌

在不斷擴張的虛擬世界中，桌遊是讓大
家齊聚一堂的不二之選。這款趣味十足
的遊戲目的，就是要完成提示字卡上的
句子，同時還要和另一位玩家的字
對。最了解彼此的玩家就是贏家！

theop.games

家庭電影
＆影集
幫助你理解家中的青少年

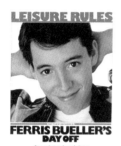

《翹課天才》（*Ferris Bueller's Day Off*, 1986）
約翰・休斯（John Hughes）執導

「這麼好的日子，我怎麼可能想去學校？這句話讓全片顯得理直氣壯。少年決定在大晴天和朋友打曲棍球，在市區開車兜風。冒險就此開始。當然啦！即使不是青少年，偶爾也可以翹班閒晃。

經典臺詞：「再遠都不嫌遠。」

《獨領風騷》（*Clueless*, 1995）
艾美・海克琳（Amy Heckerling）執導

必看經典。出身比佛利山莊的高中生雪兒令人羨豔的衣櫥，與她的黃色格子迷你裙都成為時代的象徵。這部電影就是青少年劇的完美縮影。

經典臺詞：「老人也可以這麼甜蜜。」

《性愛自修室》（*Sex Education*, 2019）
凱特・赫倫（Kate Herron）、班・泰勒（Ben Taylor）執導

這是為新世代推出的電視影集，劇情圍繞著性愛。青少年歐帝斯的媽媽是性治療師，在學校設立性治療診所。這部影集非常適合做為和家中青少年談論尷尬話題的引子。

經典臺詞：「你不能選擇自己被誰吸引，你無法操縱關係。」

和小小孩一起觀賞

《小鹿斑比》（*Bambi*, 1942）
迪士尼（Walt Disney）出品

這部充滿超可愛角色的經典動畫是我的最愛。雖然生活在森林裡的斑比有悲慘的遭遇，這部卡通依舊令我驚嘆。我好愛小鹿和母鹿。

經典臺詞：「如果說不出好話，那就什麼都別說吧。」

《料理鼠王》（*Ratatouille*, 2007）
皮克斯（Pixar）出品

任誰都想住在本片描繪的巴黎吧？雷米的魅力就足以消除我們對老鼠的厭惡，如果住在巴黎，這點相當有用。

經典臺詞：「誰都能做菜，但只有無所畏懼者才會成功。」

來點懷舊風

《火爆浪子》（*Grease*, 1978）
蘭德爾‧克萊澤（Randal Kleiser）執導

這部音樂劇描述1950年代一名高中女生的故事。由奧莉薇亞‧紐頓強（Olivia Newton-John）和約翰‧屈伏塔（John Travolta）主演，後者完全體驗搖滾時代的精神，是經典之作。

經典臺詞：「規則就是──沒有規則！」

適合闔家
聆聽的音樂

〈我們是一家人〉 (*We Are Family*, 1979)
史萊吉姊妹 (Sister Sledge)

這首歌感覺是很合理的選擇，畢竟團員就是由四姊妹組成。
今日，這首歌曲也能立刻激起人們之間的團結情感。我沒有任何姊妹，
不過確實有許多視為家人的好友，所以可以和他們一起唱這首歌！

♫

〈她如此美好〉 (*Isn't She Lovely*, 1976)
史提夫・汪達 (Stevie Wonder)

史提夫・汪達為了慶祝女兒愛莎誕生而創作了這首歌。
我完全沒有作曲才能，要不然，我一定會為女兒們寫一首像這樣的歌。

♫

〈慶祝吧！〉 (*Celebration*, 1980)
庫爾夥伴合唱團 (Kool & The Gang)

籌備家族聚會時，思考整體氣氛是非常重要的。這首曲子是充滿活力的
派對歌，最適合為接下來的夜晚暖身。試試看在播放這首歌的時候
故意找碴，保證想吵都吵不起來！

♫

〈用陽光撒滿我〉 (*Cover Me in Sunshine*, 2021)
粉紅佳人 (P!nk)、葳洛・琵吉・哈特 (Willow Sage Hart)

這首歌是真正的家人對話，因為是由粉紅佳人和十歲女兒一起演唱。
和孩子分享自己熱愛的事物是很甜蜜的。粉紅佳人坦言，在家和孩子們
一起唱這首歌，讓她感覺很幸福。盡情哼唱這首曲子吧！

「成功就是經歷一次又一次失敗，
卻仍然沒有失去熱情。」

——前英國首相溫斯頓・邱吉爾（Winston Churchill）

照常營業

工作萬歲！

我每天都和奧爾加一起工作，我應該有信心，
可以和她共同列出幾條職場成功祕訣。

但最終，

我認為世界上
並沒有那種讀了
就能獲得職涯成功的
說明書。

也許是因為，最重要的成功關
鍵，就是如何轉化熱情到工作
上。我們花費大部分的人生
在工作，因此從事真心熱愛的
事，並且喜歡共事的人是很重
要的。華威大學（University of

Warwick）的研究顯示，比起不快樂的工作者，心滿意足的工作者
的生產力高出12%。愉悅的工作環境對健康、甚至個人關係都有正
面影響，對提升工作動機也至關重要。

我喜歡引述
蘋果公司聯合創始人
史帝夫・賈伯斯，
2005年6月12日在
史丹佛大學的一段演講：

「**有時候**，人生會像磚塊一樣砸我們的頭。不要失去信心。我相信，讓我堅持不懈的唯一原因，就是熱情。一定要找出自己所愛，無論是工作，或是伴侶。要獲得滿足，就必得要做你認為有價值的工作。熱愛自己所做的事情，是成就卓越的唯一方法。如果你還沒有找到，請繼續尋找，不要安於現狀。就和愛情一樣，當找到了，你會知道，也如同一段美好的關係，做對的事，會隨著時間越陳越香。」

列出目前工作中，
所有你
喜歡和**不喜歡**的事

　　如果「不喜歡」的事多過「喜歡」，或許你該考慮改變了。

　　請記下你的熱情所在，以及可能符合的工作。如果徬徨不定，不妨試想，有沒有哪份工作，就算沒有報酬，你也願意去做？那就是你的理想工作。

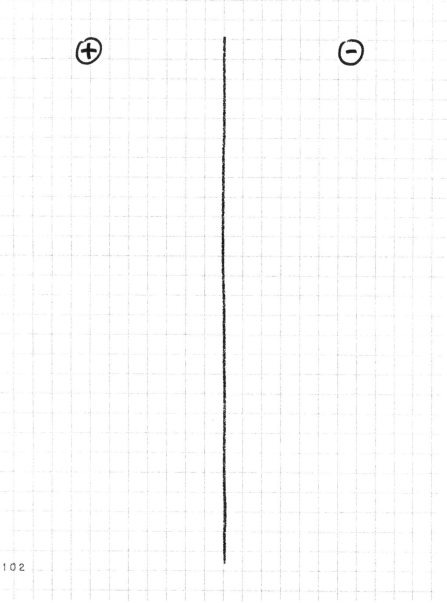

適用於所有工作的萬能技：

大事化小
小事化無

我們常會遇到一些唯恐天下不亂的同事，好像一點雞毛蒜皮小事，就能讓公司倒閉。這精疲力竭的傢伙可能沒發現，他之所以還活得好好的，只是走運罷了。「快遞沒到，我完蛋了！」看看這位大驚小怪的同事，他只是在找話題填補無聊的早晨。除非有人身陷危險，否則都沒什麼大不了的。雖然這個菜鳥可能還要花好幾年才會明白，他能安然度過大部分危機，但我們還是可以偶爾提點他：在工作上遇到預料之外的事，是常態。光是了解這一點，我們就能更從容不迫。

號外

美美入鏡
視訊會議

號外

Covid-19迫使我們保持社交距離,並且必須學會線上會議。無論是不是模特兒,都會面臨這個問題:我們的臉轉化成像素後,簡直慘不忍睹。我總算明白為什麼要開美肌濾鏡。為了避免以一張貓臉入鏡視訊會議,我親愛的御用化妝師麗迪婭‧普荷斯(Lydia Pujols)有一些好建議。她經常在電影片場工作,深諳專攻銀幕的化妝術。

也適用於

男性 不一定要全妝,但稍微遮瑕,
就能讓同事感覺你效率滿點。

麗迪婭的建議

**光源
很重要**

讓燈光位在臉部的中軸線，以柔化陰影，最好
挑選LED白光，並在背景添加氣氛燈。

———

**面對
高畫質鏡頭
的妝容**

為了縮減臉部量感，以及降低顏色對比，可用
輕薄的粉底液或BB霜均勻膚色，使肌膚煥發
光彩和透明感。使用橙色遮瑕膏蓋黑眼圈，綠
色遮瑕膏遮掩泛紅的皮膚。如果膚質好，且膚
色均勻，可以不打粉底，抹幾下遮瑕膏就能中
和陰影區塊，打造出美麗透亮的膚色。

———

**我喜歡
再畫一下
眉毛**

以眉筆或眉粉加強一下，補滿毛流間的空隙。
目的不是要讓表情變得銳利，而是為了賦予眼
神性格魅力。

膚色均勻後，可以點綴……

淡粉色腮紅霜
增加一抹清新感，或使用金色腮紅，
讓你看起來像陽光下，容光煥發。

睫毛夾
加上睫毛膏，使眼睛炯炯有神。（而且看起來很清醒！）

眼線筆
在上睫毛處，勾勒棕色、黑色、金棕色或海軍藍的眼線，並
向外、向上延伸。

自然脣色
避免深色脣膏，自然或偏淺的脣色比較上鏡。

———————

同時別忘了：

使用乾淨清爽的背景，**單純就好**，並且確保沒有任何令人
分心或難看的東西入鏡（快把沒洗的衣服拿走）。

選擇**安靜、不會被打擾的地點**。尖叫衝進房間的小孩
絕對不會為你的專業形象加分。

找出**好看的鏡頭角度**。你的同事才不想仰望你的鼻孔；
反之，如果視訊鏡頭位置太高，很可能導致脖子抽筋，
確保鏡頭位於視線高度。

事先測試視訊會議連結，並且備妥所有需要的文件資料。

和職場相關的
電影和影集

《上班女郎》（*Working Girl*, 1988）
麥克·尼可斯（Michael Nichols）執導

最早以女性在職業生涯中遭遇的障礙為主題的電影之一。這部電影中，在第一份工作中受到惡劣待遇的祕書，她的點子後來被老闆偷走。這部片成為經典，也深入展現「權力穿著」的概念。

經典臺詞：「我有商業頭腦，誘人身材。這樣不好嗎？」

《正妹CEO》（*Girlboss*, 2017）
凱·卡儂（Kay Cannon）執導

這部電視影集的部分靈感來自蘇菲亞·阿莫魯索（Sophia Amoruso）的自傳式小說《正妹CEO：她從街頭流浪妹變身億萬女老闆》（*#GIRLBOSS*），敘述一名熱愛購買古著的女孩，最後將愛好變成事業的人生。我很喜歡把熱愛事物變成工作的概念。

經典臺詞：「無論在人生哪個階段，別花心思煩惱他人對你的想法，就能省下大把時間。越早在人生中學到這點，餘生就會越輕鬆。」

《無照律師》（*Suits*, 2011）
艾倫·科爾仕（Aaron Korsh）執導

這部影集（共九季）背景設定在紐約市的律師事務所，是熟悉法律世界的絕佳途徑。別忘了注意飾演律師助理的梅根·馬克爾（Meghan Markle），演技充滿說服力。

經典臺詞：「我這個人沒什麼夢想，只有目標要達成。」

《高年級實習生》
（*The Intern*, 2015）
南希·梅爾斯（Nancy Meyers）執導

本片主角是一名在新創公司實習的七十歲男子，可想而知造成許多笑料。這部電影也令人思考，其實年齡只是數字，讓經驗豐富的人和新手混在一起，或許會有出色的成就呢！

經典臺詞：「都*2015*了，大家還在刁難職業婦女嗎？」

《穿Prada的惡魔》
（*The Devil Wears Prada*, 2006）
大衛·法蘭科（David Frankel）執導

本片改編自蘿倫·薇絲柏格（Lauren Weisberger）的同名小說，只要談論時尚世界，就一定會提到這部電影。由於我也是時尚產業的一分子，自然不會錯過這部電影，不過我非常確定時尚雜誌的助理絕對沒有遭到這種對待，畢竟這是杜撰的嘛！

經典臺詞：「你穿上第一雙*Jimmy Choo*的時候，就已經把靈魂出賣給惡魔了。」

令心情愉悅的
早晨歌單

〈水深山高〉（*River Deep Mountain High,* 1966）
艾克與蒂娜・透納（Ike & Tina Turner）

這首歌能喚起我的童年回憶，當我們還住在鄉下時，
我的爸媽很愛聽。還有賽門與葛芬柯（Simon & Garfunkel）
的〈羅賓遜夫人〉（*Mrs. Robinson,* 1968）。

♫

〈美寶蓮〉（*Maybellene,* 1956）
查克・貝里（Chuck Berry）

這也是家的回憶！我十五歲那年遇到滾石樂團的米克・傑
格（Mick Jagger），他問我都聽哪些音樂。我回答：查克・
貝里。他表示贊同，接著又問：「你聽滾石樂團嗎？」我
侷促不安地回答：「我喜歡〈珍女士〉（*Lady Jane*）。」
米克再度認同我，他說這首歌是受愛爾蘭民間傳說所啟
發，即使這不是滾石樂團的代表性作品。

〈凋謝的花〉（*Dead Flowers*, 1971）
滾石樂團

這首歌能讓我的心情立刻好起來。強力推薦早上起床時播放，
很適合一邊穿衣一邊聽！

♫

〈你使我快樂〉（*You Send Me*, 1957）
艾瑞莎・弗蘭克林（Aretha Franklin）

必聽！還有珍妮絲・賈普林（Janis Joplin）、艾美・懷恩豪斯（Amy
Winehouse）和法國歌手芭芭拉（Barbara）。

♫

〈S.O.B〉（2015）
拉撒尼爾雷里夫&盜汗樂團（Nathaniel Rateliff & The Night Sweats）

下午的時候於辦公室播放這首歌，直接讓工作氣氛活絡起來。

♫

〈地球是圓的〉（*La Terre est ronde*, 2015）
歐爾森（OrelSan）

我喜歡歐爾森的文字。

♫

〈今早有好心情〉（*Bonne Bonne Humeur Ce Matin*, 1988）
崔斯坦（Tristan）

這是來自法國心理學家庫埃（Émile Coué）的心理暗示療法，保證
你心情愉快。「巴黎擠滿了滿、滿、滿的巴黎人。巴黎女人不夠多，
但男人太多。」光是這句歌詞，就值得一提。

「我創造自己的風格，
是為了省去做決定的麻煩。」

——演員凱瑟琳‧赫本（Katharine Hepburn）

人人皆可
穿出風格

我們與他人的關係對自身的身心健康影響重大。
不過，幸福感永遠是發自內在的。因此我們要好好關愛自己，
畢竟那句老話所言不假：只要你美美的，心情自然也會
美美的。而這點也會反過來對朋友、家人，甚至同事都能
帶來有益的影響呢！

為旁人打造的風格

在血拼的時候，我們往往只會想著自己喜歡什麼，
但也同樣必須思考，穿戴上身的東西將給予旁人什麼印象。
我的穿衣目標之一，就是透過稍微打理過的外表，
為日常注入一絲生氣。我試著好聲好氣地告訴那些隨意穿得
一身黑的人，顏色會影響情緒。「為你的生活增添色彩」，
請按字面上的意思來理解。

讓日常生活變得
繽紛活潑的
二十件單品

➡ 每一件都有話要說。

紫紅色V領開襟衫
「我有好心情。」

黃色球鞋
「感覺像踩在沙灘上。」

圖紋開襟衫
「高冷的斯堪地
那維亞風格。」

螢光色系毛衣
「我元氣滿滿。」

紅色內褲
「這在義大利會
帶來好運。」

金色瑪麗珍鞋
「一整年都是聖誕節。」

金色涼鞋
「我喜歡光彩奪目。」

印花絲巾
「細節很重要。」

粉紅色毛衣
「我決定透過粉紅濾鏡
看世界。」

卡其色的單品
「卡其色，就是幸福的
黑色。」

紅色靴子
「我要熱情奔放
一整天。」

金光閃閃的手提包
「我想為生活添加一些
閃亮亮。」

紅色手拿包
「來點氣場。」

藍色休閒斜肩包
「無論日夜都有
蔚藍天空。」

白色襯衫
「我像雪一樣潔白。」

迷你亮片包
「來吧！熱情如火的
派對。」

紅色毛衣
「我是豔麗的獵物。」

綠色連身褲
「穿得一身綠，總是
令人愉悅。」※

彩色格紋襯衫
「就算要當個有稜有角的
人，也能歡欣喜悅。」

※ 譯註：法文「Se mettre au vert」意指到
鄉下休息，遠離塵囂。

黃色外套
「讓我帶來陽光。」

三種帶來
好心情的造型

淡粉色
毛衣
✚
丹寧褲

沒錯，儘管我剛才努力證明了
個人衣櫥裡，除了海軍藍毛衣和原色牛
仔褲之外，還有其他衣物，但我不否認
這個組合是必備，甚至有點備太多了，
足以讓我的朋友每人一套！

玫瑰色
毛衣
＋
黃色裙子
＋
粉紅色柏
柏鞋
（Babouche）

白色長褲
＋
藍色外套
＋
黃色Converse
帆布鞋

舊衣捐贈

在這本關於成長的指南書裡，不可不聊聊「捐物」。
我對某些衣飾的喜好是階段性的（排除藍、白色牛仔褲、白襯
衫，和海軍藍毛衣），不想再穿的衣服，我不會上網拍賣掉
（雖然這麼做其實不錯），而是送人。每當有朋友說喜歡我的
某一件衣服，我傾向立刻送給她。我的寫作顧問奧爾加及
蘇菲，在我寫到這裡時趁機透露，她們因此不敢再稱讚
我的穿搭，以免我總有一天把衣服都送光了⋯⋯

捐給誰？

接受舊衣捐贈機構實在多得數不清，政
府機關、宗教團體或學校，肯定都能提
供你好幾個捐衣地點。以下是一些國際
組織：

· 美國紅十字會（redcross.org）
· Goodwill（goodwill.org）
· The Salvation Army 救事軍
　（salvationarmy.org）
· Oxfam International 樂施會（oxfam.org）

假如有一些職場正裝（西裝褲、男士領
帶等）想捐，我推薦「Dress for Success」
（dressforsuccess.org），這個協會運用捐
贈物資來幫助受訓的人，讓他們能夠穿
著合宜的服飾重返工作崗位。

讓落單襪重獲新生

我總是想不透自己為什麼會弄丟這麼
多隻襪子，我有一個裝滿落單襪子
的專用袋——它們成雙成對丟進洗衣
機，但是洗完拿出後就形單影隻了。
多虧有人正視這全球性的問題，例如
「孤兒襪」（Chaussettes Orphelines，
chaussettesorphelines.com）。這個品牌
回收舊襪，並製作成其他物品如帽子、
手套、圍巾甚至包包。

捐贈和回收，
這是非常潮的組合！

Body Positive 身體自愛運動
大家一起來

對於美麗和身材，我或許有能力提出一整套規劃：從上妝步驟、飲食管理，到塑造完美身形的健身課程……但這完全不是我的作風！經常有人問我：「你如何保持窈窕？」嗯，細嚼慢嚥，吃到不餓就停下。但我更想強調：永遠不要拿自己的外貌身材和他人做比較，這樣才能在群體中活得自在。現下十分活躍的「身體自愛運動」來得正是時候，每個人都應該為自己的身體感到驕傲，它塑造出你的個人風格，而你是群體中重要的一分子。即使我人老珠黃（而且也胖了），我仍以積極的態度看待身體。關於衰老，我老話一句：睡眠和歡笑是青春永駐的祕訣。而為了笑得開懷，朋友是絕對少不了的！

「美食是幸福的根基。」

——美食作家奧古斯特·埃斯科菲耶（Auguste Escoffier）

以美食
滋養友誼

一點兒也不意外！

食物和幸福感難分難解，吃是人生的一大樂趣。
我們都有最喜歡的食物，能立刻帶來滿足快意，
或是在低潮的時候讓我們打起精神。某些食物的成分，
確實能為情緒和行為帶來有益影響，再說，還有什麼方法
比食物更能讓人們聚在一起呢？大家圍繞著餐桌分享美食，
彼此產生全新連結。還有什麼比食物更能帶來幸福，
且更健康的人生呢？

如何迅速結交朋友？

吃一樣的食物！

根據消費者心理學協會（Society of Consumer Psychology）在2016年的研究，吃同樣的食物，能讓陌生人之間建立起信任。此研究的共同作者艾萊特・菲什巴克（Ayelet Fishbach）解釋：

「我認為食物具有某種力量，因為我必須先信任它，才能讓身體接受它。希望這項研究能用來聯繫人們的關係消弭衝突。」揪幾個午餐飯友團吧，起吃飯，大家就會緊密地連結一起。

不可不知：

根據德國盧貝克大學（University of Lübeck）的一項研究（我們不需要知道技術細節），攝取蛋白質會讓人更隨和、寬融。這要歸功存在於蛋白質中的酪氨酸，能產生多巴胺，一種影響決策過程的神經傳導物質。來點多巴胺，笑眼看世界。

我猶豫是否該公開這件事。這下可好了，我的孩子們終於拆穿了我每天早上總是「好心」為他們準備一顆蛋的原因……

如果想和我維繫感情，建議來幾包馬莎百貨
（Marks & Spencer）的鹹甜爆米花，
如果這是你能吃的東西。

我可以在半小時內嗑光六包！

義式咖啡的
儀式感

如果你有空，我推薦以拿坡里傳統萃取咖啡壺沖杯咖啡，不僅充滿美感，而且沖出來的咖啡非常可口。當然，帥哥推銷給你的那臺自動咖啡機，也是沒什麼好批評的。

打從心底感受喜悅，
這樣就好

「幸福取決於我們看待事物的方式。」

照顧好自己，
能使你更善待他人，
以下是我讓生活更開心的15個想法。

1

如果「決定要幸福」
是一個解方？

我們可以讀遍所有個人成長書籍，但沒什麼比單純地下定決心更有效。我很久以前就告訴自己：我想發自內心感到幸福，這樣就好……感覺到了嗎？我受到保爾・艾呂雅（Paul Éluard）的啟發，他是我的暗示療法導師。千萬別忘記，活著本身，就是最美好的事情。想想我們是在多小的機率下抵達世界，那是何其幸運。

2

製作「待辦清單」

我喜歡設定目標帶來的動力，令人感覺生活朝著前方邁進。把所有為了達成目標而必須做的事情統統寫下來吧，小心！你的目標可能比預期的更快發生。

3

千萬不要看輕
某項活動

慢跑、散步、烹飪、清潔打掃⋯⋯這些活動能沉澱思緒，讓我們想出絕妙點子。

4

心存感激

我們可以輕易講出一大堆不順心的事，但如果試著把引以為豪的事列出來，就能體認到我們有多幸運，這麼做，會使人覺得幸福。

5

永遠別說
「做不到」

我第一次去香奈兒試鏡時，被說「太高」而沒有
被選中。嗯，好吧，在成為香奈兒康朋街（Rue
Cambon）總店的品牌大使之後，我確信：第一
印象有時不太準，而我們還有很多次機會能給人
留下良好印象！永遠不要放棄。

6

做讓你開心的事！

每當有人問我，該如何在事業上取得成功，我都
會這麼回答。我做事的時候，從來沒有挖空心思
去想「怎樣才會成功？」我設計衣服時，心裡想
的是：「我想穿什麼，我需要什麼？」這就是為
什麼我設計出海軍藍西裝外套，而不是螢光粉紅
短版上衣。不過，幸好有其他人正在考慮製作螢
光粉紅短版上衣！

7

說出口：「我快成功了。」
激勵自己抵達目標

如果你說：「我做不到……」就會搞砸一切。說說看，很靈驗：「我很苗條。」但如果你邊說邊吃下三塊巧克力，效果就沒那麼好，做人要有限度……

8

少做一點事……

雖然，如果想保住飯碗，最好不要過得太安逸。但要允許自己慢條斯理、虛擲光陰，即使是賴在床上十分鐘也好。在工作中，絕不要忘記練習幽默。當個認真魔人會讓你覺得事情多到做不完。

9

「放下」是一種
人生信仰

不必多說！為什麼要竭盡心力希望一切至臻完美呢？我們要意識到自己的極限，而不為此惱怒。

10

懂得發現幸福

· 在地鐵出口買一束水仙花。
· 洗完澡後在床上躺平。
· 回家。
· 提早十分鐘起床，為了平靜地喝杯茶。

強烈的幸福感都是建立在渺小的事物上。

11

你對生活微笑，
生活就會對你微笑

沒錯，你會說這不總是那麼容易，不過，多少管用。

12

我們有權利過得不順心

不要囿於「我很好，一切都沒事。」的思考模式。生命中總會碰上幾段沒那麼歡樂的時光。我就經歷過不少。但糾結太久毫無幫助，特別是束手無策時，例如喪事。當你脆弱的時候，絕對有權利無精打采。重要的是「接受」，並相信朋友能陪你度過難關。看吧，即使我是在提出個人成長建議，卻還是無法不談到朋友。

13

守護環境

時至今日，誰也不該忽視地球的問題：尊重環境會讓人身心更舒暢。是的，是的，如果我們好好地將垃圾分類，就能達到某種涅槃。

14

想獲得，先給予

我承認這道理有些淺顯，但是有需要一再被提起。因為當我們一直關注在「自我」成長時，有時會忘記付出才會得到幸福。

15

從相對的角度看事情，
幸福不請自來

凡事都是一個巴掌拍不響，練習去看事情的相對面。不停地告訴自己：「事情沒那麼嚴重，沒什麼大不了。」和所有事物保持一定距離，這就是你的新目標。

NOTES

圖片版權